# Pal PSICOLOGO YO...
# ¿Estas tu loco?

Pal "PSICOLOGO YO...
¿Estás tú loco?

# INTRODUCCIÓN

Me motivé a estudiar Psicología porque siempre me pareció muy interesante conocer y aprender sobre los cambios en la conducta de los seres humanos, y siempre venían a mi mente muchos ¿por qué? En ese momento no entendía, hoy que tengo el conocimiento, te escribo a ti, que cuando te comentan que debes ir al psicólogo dices "NO ESTOY LOCO, NO NECESITO UN PSICOLOGO, YO SE LO QUE TENGO QUE HACER".

No te das cuenta que te encuentras en negación, porque tú sabes que necesitas ayuda de un profesional, que es la persona que te ayudará a canalizar tus pensamientos, acciones y sentimientos, lo primero que debes aceptar es que necesitas ayuda, tienes que trabajar con tu negación para poder aceptar y entender que algo le está haciendo daño en tu vida, y lo peor es que lo sabes.

No te enojes cuando alguien de tu entorno te dice debes de ir a un psicólogo, quien te lo dice es porque te quiere y desea lo mejor para ti. En la actualidad todavía encontramos bastante rechazo y resistencia a buscar ayuda psicológica, porque seguimos teniendo la idea equivocada de que las personas que buscan ayuda psicológica es porque están locos.

Lo peor es que los mitos y estigmas se refuerzan cuando surgen interrogantes dirigidas al que dirán, porque damos mucha importancia a la opinión de las demás personas en cuanto a nuestra conducta y parecer al igual que a cualquier situación que estemos atravesando en nuestras vidas, y la realidad es que no debe ser así, como siempre te he escrito en mis libros, ¡VIVE y se FELIZ!

Pal "PSICOLOGO YO...
¿Estás tú loco?

Y si para vivir y ser feliz necesitas ir al psicólogo para que de alguna manera te ayude a canalizar tu situación, hazlo y olvida el qué dirán, porque tu prioridad en esta situación debes ser tú mismo y no la opinión de los demás. Es momento de cambiar nuestra forma de pensar y ser parte de la solución, no del problema. Debemos instruirnos más para así poder eliminar la ignorancia.

El psicólogo se especializa en poder estudiar y entender el comportamiento en cuanto al pensamiento del ser humano, convirtiéndose en una figura objetiva e imparcial, que por medio de su conocimiento provee herramientas para que puedas resolver los problemas y logres mejorar tu calidad de vida.

Es un trabajo en equipo entre el terapeuta y el paciente, donde la comunicación a través de un dialogo efectivo, toman parte esencial del tratamiento, facilitando tanto el entendimiento del problema como sus soluciones. Es un proceso que puede muy positivo para aquellos que lo llevan a cabo de forma exitosa.

Hay diferentes tipos de intervenciones, todo va a depender del tipo de situación en cuestión, entre las más comunes podemos encontrar la terapia individual, grupal, familiar, de pareja, entre otros. El buscar ayuda no te hace menos, ni es algo malo, todo lo contrario, te ofrece las herramientas que necesitas para ayudarte y contribuir con el proceso de entender y resolver tantas situaciones difíciles que comúnmente llamamos "problemas".

En vez de seguir pensando que quien va al psicólogo está loco, piensa que personas con pleno conocimiento de que realmente están mal, se niegan a recibir ayuda, cuando tal vez ahí este la clave para la solución de tus problemas, y no precisamente es porque estés loco.

## Pal "PSICOLOGO YO...
### ¿Estás tú loco?

Si tú estás leyendo estas líneas y en este momento necesitas ayuda psicológica, no dudes ni por un segundo buscarla, no tienes por qué sentirte mal, el hecho de buscar ayuda es el primer paso para sentirte bien y lograr solucionar ese problema que tanto daño te está haciendo.

¡No estás loco al contrario eres un ser humano Sabio!

*"Si quieres entender algo de verdad, intenta cambiarlo".*

Kurt Lewin

# TABLA DE CONTENIDO

## ¿Qué es la Psicología?

La psicología es la ciencia que estudia los procesos mentales. La palabra proviene del griego: psico- (alma o actividad mental) y -logía (estudio).

Esta disciplina analiza las tres dimensiones de los mencionados procesos: cognitiva, afectiva y conductual.

*"El aprendizaje es más efectivo cuando se trata de un proceso activo en lugar de pasivo".*

Kurt Lewin.

**Algunas situaciones por las cuales muchas veces NO queremos ir al psicólogo, porque la realidad es que sentimos vergüenza de decirle lo que nos sucede y miedo de que nos diga que estamos mal**

- ✓ Porque te sientes triste.

Recuerda que la tristeza es una emoción básica, natural y normal que se encuentra en el ser humano.

- ✓ Quizás por la muerte de un ser querido.

- ✓ Quizás por diferencias con tu pareja.

- ✓ Tal vez porque has tomado decisiones incorrectas en algún momento de tu vida.

- ✓ Tal vez no sabes cómo distribuir tu tiempo.

- ✓ Tal vez no tienes claro cual deben las tus prioridades en tu vida.

- ✓ Tienes muchas diferencias con tu familia.

- ✓ Piensas que nadie te quiere.

- ✓ Piensas que todos están mal y solo tu estas bien.

- ✓ Crees que el mundo está en tu contra.

- ✓ Celos.

- ✓ Inseguridad.

- ✓ Autoestima.

Entre muchas otras......

*"Nuestro inconsciente se proyecta en otros, criticamos a los demás para no ver nuestras propias carencias".*

Carl G. Jung.

Pal "PSICOLOGO YO...
¿Estás tú loco?

**¿Cómo saber identificar cuando debo ir al psicólogo?**

Normalmente, cuando sufrimos algún trastorno psicológico o algún trastorno de la personalidad, si es tu caso, visita al psicólogo, es más que recomendable y a su vez muy saludable.

*"Cuando más te conoces a ti mismo más paciencia tienes para lo que ves en los demás"*

Erick Erickson.

Pal "PSICOLOGO YO...
¿Estás tú loco?

## ¿Qué es el miedo al estigma?

A la mayoría de las personas se les hace difícil aceptar que necesitan ayuda profesional, porque no quieren ser vistas por otros como "locos".

El miedo a la burla, a la intimidación, al qué dirán porque no hemos aun aprendido que el qué dirán no es importante en tu vida, lo importante es cómo te sientes y cuan estable desees estar, para así poder cumplir con cada una de tus metas, tanto profesional como personal, por esto es ahí cuando debes con firmeza tomar la decisión de ir a terapia, recuerda que la terapia jamás te restará, al contrario, te aportará conocimiento para aprender como canalizar las situaciones en tu diario vivir.

*"Vivir es nacer a cada instante"*

-Erich Fromm.

## ¿Qué escriben sobre nosotros los psicólogos?

Anotamos lo que nos dice el paciente, muchas veces hacemos las anotaciones luego de que el paciente sale del consultorio, para de este modo no perder el contacto visual, siempre brindándoles confianza y seguridad a nuestro paciente, dentro de las cosas que observamos están:

- ✓ La conducta
- ✓ La forma de expresión verbal
- ✓ La expresión corporal
- ✓ La vestimenta
- ✓ La apariencia física en general
- ✓ Observamos sus sentimientos y emociones en cuanto al tema a tratar
- ✓ La disponibilidad real de querer recibir nuestra ayuda

*"Lo que niegas te somete, lo que aceptas te transforma"*

Carl G. Jung.

## Problemas más comunes

- ✓ Trastornos del estado de ánimo, como la ansiedad y la depresión
- ✓ Timidez
- ✓ Adicciones
- ✓ Trastornos alimentarios, como la anorexia y la bulimia
- ✓ Miedos y fobias
- ✓ Estrés
- ✓ Trastornos del control de los impulsos
- ✓ Problemas de autoestima y falta de confianza
- ✓ Trastornos en la esfera de la sexualidad
- ✓ Trastornos de personalidad

Sin embargo, la mayoría de los psicólogos también pueden ayudarte a enfrentar otras situaciones como son:

- ✓ Problemas familiares
- ✓ Conflictos de pareja
- ✓ Pérdida de algún ser querido
- ✓ Hechos traumáticos
- ✓ Situaciones en tu área de trabajo

El psicólogo también puede ayudarte a lograr determinados cambios en tu vida, ya sea para mejorar en el plano personal, como para alcanzar las metas que te has propuesto, reencontrar el equilibrio psicológico, para así poder desarrollar al máximo tu potencial en determinadas áreas.

Por esto y más, se recomienda acudir al psicólogo cuando te veas o sientas mal por alguna situación.

Por ejemplo:

- ✓ Cuando la incomodidad se intensifica más cada día, hasta tal punto que llega a interferir en tu desempeño cotidiano, ya sea en el área laboral, social o familiar.

- ✓ Cuando sientes que no tienes fuerza o recursos para afrontar la problemática por ti mismo.

- ✓ Cuando comienzas a experimentar una serie de síntomas que afectan tu calidad de vida, como el insomnio, la pérdida de interés por las actividades que antes te resultaban placenteras.

- ✓ Cuando te sientas agobiado ante una situación y no sabes cómo reaccionar, y no encuentras una salida por qué piensas que todo ha llegado a su fin, o que la vida carece de sentido.

- ✓ Has puesto en práctica varias soluciones para resolver el problema, pero todas han fracasado por lo que comienzas a dudar de tus capacidades.

- ✓ Cuando tienes problemas para controlar tus emociones, porque te deprimes o te pones ansioso con facilidad.

- ✓ Cuando te sientes débil ante tu entorno y piensas que todo el mundo se encuentra en tu contra.

- ✓ Cuando tú mismo comienzas a castigarte por un error del pasado y experimentas intensos sentimientos de culpa que no te permiten seguir adelante con tu vida.

- ✓ Cuando sientas que estás siempre a punto de perder el control.

- ✓ Cuando te das cuenta que estás teniendo cambios de humor injustificados y tienes problemas para comunicarte con las personas que te rodean.

Es ahí donde debes tomar la decisión de ir a un Psicólogo.

*"La curiosa paradoja es que cuando me acepto a mí mismo, puedo cambiar"*

Carl Rogers.

## Miedo a la Psicología

Por qué tener miedo es una emoción que nos hace escapar para así poder evitar algún peligro, pero también es una barrera que puede evitar el disfrute de una persona y puede llegar a bloquear y a impedir el transcurso de una vida normal.

*"La única persona que no puede ser ayudada es esa persona que culpa a los demás"*

Carl Royers.

Pal "PSICOLOGO YO...
¿Estás tú loco?

## Varios temas que debemos tratar con un psicólogo

- ✓ Algunos problemas familiares.
- ✓ Problemas de pareja.
- ✓ Duelo por la pérdida de un ser querido.
- ✓ Hechos traumáticos.
- ✓ Problemas laborales.
- ✓ Conductas o hábitos que deseas cambiar.

*"Conocer tu propia oscuridad es el mejor método para lidiar con la oscuridad de las demás personas"*

Carl G. Jung.

Pal "PSICOLOGO YO...
¿Estás tú loco?

**¿Por qué hablar con un psicólogo?**

Algunos tipos de miedo:

- ✓ Miedo a fracasar.

- ✓ Miedo a la opinión de los demás.

- ✓ Miedo a equivocarme.

- ✓ Miedo al rechazo.

- ✓ Miedo a la verdad

- ✓ Miedo al pensar que no merecemos más de lo que tenemos.

- ✓ Miedo a la incomprensión.

- ✓ Miedo a tener que aceptar que nos equivocamos.

- ✓ Miedo en afrontar nuestras responsabilidades

Entre muchos más...

*"Todo lo que nos irrita de otros nos lleva a un entendimiento de nosotros mismos"*

Carl G. Jung.

Pal "PSICOLOGO YO...
¿Estás tú loco?

**Algunos problemas principales con los que se trata en la psicología.**

- ✓ Depresión.

- ✓ Trastorno bipolar.

- ✓ Ansiedad.

- ✓ Trastorno obsesivo-compulsivo.

- ✓ Trastorno por estrés postraumático.

- ✓ Trastorno por estrés agudo.

- ✓ Somatización.

- ✓ Disfunciones sexuales

- ✓ Entre otros....

*"Lo más aterrador es aceptarse a uno mismo por completo"*

Carl G. Jung.

## Cómo podemos enfrentar el miedo

- ✓ Con confianza en ti mismo.

- ✓ Ejercicios de respiración.

- ✓ Mantén comportamientos saludables.

- ✓ No darle importancia a lo que no tiene importancia.

- ✓ Lo que sabes que no es cierto no debe afectarte, y mucho menos causarte miedo o daño.

*"Cuando odiamos a alguien, odiamos es su imagen algo que está dentro de nosotros"*

Hermann Hesse.

## ¿De qué se ocupa la psicología?

La psicología es la ciencia que estudia la conducta humana y los procesos mentales.

Al ser bastante amplia, para su estudio y aplicación se divide en dos vertientes: la psicología básica y la psicología aplicada.

*"De nuestras vulnerabilidades vienen nuestras fortalezas"*

Anna Freud.

*"La palabra feliz perdería su significado si no estuviese balanceada por la tristeza".*

Carl Jung.

## Frecuencia semanal en cuanto a visitas

Debes ir una vez por semana a terapia, es lo más recomendable.

Es el tiempo recomendado para que el espacio entre sesiones no sea demasiado largo y no se pierda la secuencia en el trabajo que se realiza en la consulta.

Por lo general una terapia psicológica tiene una duración media de 3 meses y medio, aproximadamente unas 17 consultas.

*"La psicología, a diferencia de la química, algebra o literatura, es un manual para tu propia mente. Es una guía para la vida".*

Daniel Goldstein.

Pal "PSICOLOGO YO...
¿Estás tú loco?

## Cómo analiza un psicólogo a una persona

La evaluación psicológica es un procedimiento mediante el cual un psicólogo especializado recopila información sobre el paciente a través de test y entrevistas, con el fin de evaluar el funcionamiento y las capacidades del mismo en determinadas áreas y, a su vez, predecir cómo será su comportamiento en un futuro.

Te pide dibujar una casa, el árbol y la figura humana (conocido como H.T.P por sus siglas en inglés) es una técnica proyectiva, creada por el psicólogo estadounidense John Buck, está compuesta por tres estímulos definidos y orientados a conocer rasgos puntuales de la persona que lo realiza.

*"Quien es feliz también hace feliz a los demás"*

Anna Freud.

**¿Cómo se llama cuando no te gusta estar rodeada de mucha gente?**

Las personas con agorafobia tienen dificultad para sentirse seguras en un lugar público, especialmente donde se reúnen multitudes.

*"El control de la conciencia determina la calidad de vida"*

Mihaly Csikszentmihalyi.

**Algunas formas de superar la depresión**

- ✓ Haciendo ejercicio físico, caminando de 15 a 30 minutos todos los días.

- ✓ Comer alimentos saludables y beber mucha agua, aunque algunas personas con depresión no tienen mucho apetito.

- ✓ Hablar, expresarte.

- ✓ Evita pensar y centrarte en los problemas.

- ✓ Mantente dialogando y haciendo cosas positivas.

*"No somos prisioneros del pasado"*

Martin Seligman.

**Conceptos**

La psicología explora conceptos como la percepción, la atención, la motivación, la emoción, el funcionamiento del celebro, la inteligencia, el pensamiento, la personalidad, las relaciones personales, la conciencia y la inconsciencia.

*"La preocupación debería llevarnos a la acción, no a una depresión"*

Karen Horney.

**¿Cómo sé si estoy presentando algún trastorno emocional?**

- ✓ Sientes una sensación constante de vacío

- ✓ Una autoimagen confusa o inestable

- ✓ Distintos estados emocionales

- ✓ Fuerte irritabilidad, ansiedad y depresión que dura por horas, e incluso días.

- ✓ Relaciones tormentosas que oscilan entre admiración profunda y desprecio extremo

*"Tenemos dos mentes, una que piensa y otra que siente"*

Daniel Goleman.

Pal "PSICOLOGO YO...
¿Estás tú loco?

**¿Por qué me siento mal después de ir al psicólogo?**

Sentir que se está curando la herida, forma parte del proceso, aunque pueden existir aspectos en los cuales aún no te sientas comprendido, acogido, identificado, por esto, es importante hablarlo con tu terapeuta, siempre podrás tomar la decisión de seguir o no, es tu vida, y te mereces un cambio.

*"Vivir es nacer a cada instante"*

Erich Fromm

## Ejercicios que son buenos para la depresión

Caminar o nadar pueden ser buenas alternativas, estos son ejercicios que te ayudan a trabajar tu salud cardiovascular, pero también se ha demostrado que ayudan a mantener el estrés bajo control y tienen un efecto positivo en el cerebro.

## IMPORTANTE:

La depresión clínica es la forma más grave de depresión y también se denomina «depresión mayor» o «trastorno depresivo mayor».

No es igual a la depresión provocada por una pérdida, como la muerte de un ser querido, o por una enfermedad, como un trastorno tiroideo.

*"Las únicas personas normales son las que no conoces muy bien"*

Alfred Adler.

## AGRADECIMIENTOS

A Dios, a mis Padres, a mis Hijos y Nietas, a Edgardo por nunca dejarme sola y por tu amor incondicional, a Lourdes Santa quien más que una amiga de escuela, logro convertirse en una hermana.

Gracias Yoleiza Acosta, por tu paciencia, dedicación y devoción con la que realizas cada uno de tus trabajos, te has convertido en parte de mi familia, Dios te bendiga.

Gracias al Profe Pedro Guevara, por ser parte importante en mi equipo de trabajo, siempre será un honor para mí poder contar con usted.

*"No soy lo que me sucedió, soy lo que elegí ser"*.

Carl Jung.

**Enlaces de contacto con Valerie E. Fontánez Santiago**

Facebook
http://www.facebook.com/ValerieFontánezSantiago
http://www.facebook.com/ValerieFontánez
http:www.facebook.com/puntoalasunto
http://www.facebook.com/mvnmusic

Twitter
http;//twitter.com/valeriefontánez

Instagram
Valerie Fontánez Santiago

Email
valeriefontanez@gmail.com
Invencible0722@gmail.com

Whatsapp

Apartado Postal
P.O. Box 782316
Orlando, Florida 32878
P.O. Box 50001
Levittown, P.R. 00950

Pal "PSICOLOGO YO...
¿Estás tú loco?

**Información de contacto de Yoleiza Acosta, Freelancer colaboradora en la corrección de mis libros.**

Facebook
https://www.facebook.com/yoleiza.acosta

Twitter
http://twitter.com/yoleizaacosta

Instagram
Yoleiza Acosta

Email
Yoleiza777@gmail.com
yoleizaacosta@gmail.com

Whatsapp
+5804168466703

Comentarios:

Muy agradecida con Valerie por permitirme ser parte de su equipo de trabajo, para mí cada uno de sus libros es una lección de vida que a la vez trato de hacer llegar a otros, para que aprovechen todo lo bueno que ella nos trasmite con mucho cariño y dedicación. Mil bendiciones.

**Información de contacto de Pedro Guevara, Traductor de mis libros.**

Facebook
https://www.facebook.com/pedroguevararojas

Twitter
http://twitter.com/pedroguevararojas

Email
pedroguevara1960@gmail.com

Comentarios:

Es un honor para mí poder usar mis conocimientos que para que este libro, al igual que todos los que he traducido de la Señora Valerie Fontánez, llegue a mucha gente. Una vez más quedo gratamente sorprendido por todas las cualidades y conocimientos que posee la autora en cuanto a diversos temas del diario vivir. Deseo con todo mi respeto que su vida siga colmada de éxitos.

Pal "PSICOLOGO YO...
¿Estás tú loco?

16 de febrero de 2023. Copyright